001

003

002

GEORGE WASHINGTON
004

005

007

008

006

009

1

010

011

012

013

014

015

016

017

018

019

020

021

022

023

024

025

026

027

FANEUIL HALL, BOSTON

028

030

031

FRAUNCES TAVERN, NEW YORK

029

032

033

034

035

INDEPENDENCE HALL (STATE HOUSE),
PHILADELPHIA, 1774

036

OLD SOUTH MEETING HOUSE,
BOSTON

037

REVERSE OF A MASSACHUSETTS TREASURY NOTE
038

BOSTON MASSACRE
039

040

041

042

SONS OF THE REVOLUTION

043

BOSTON TEA PARTY
044

045

046

047

048

049

050

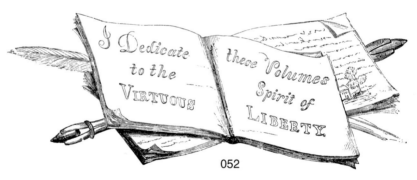

052

051

053

054

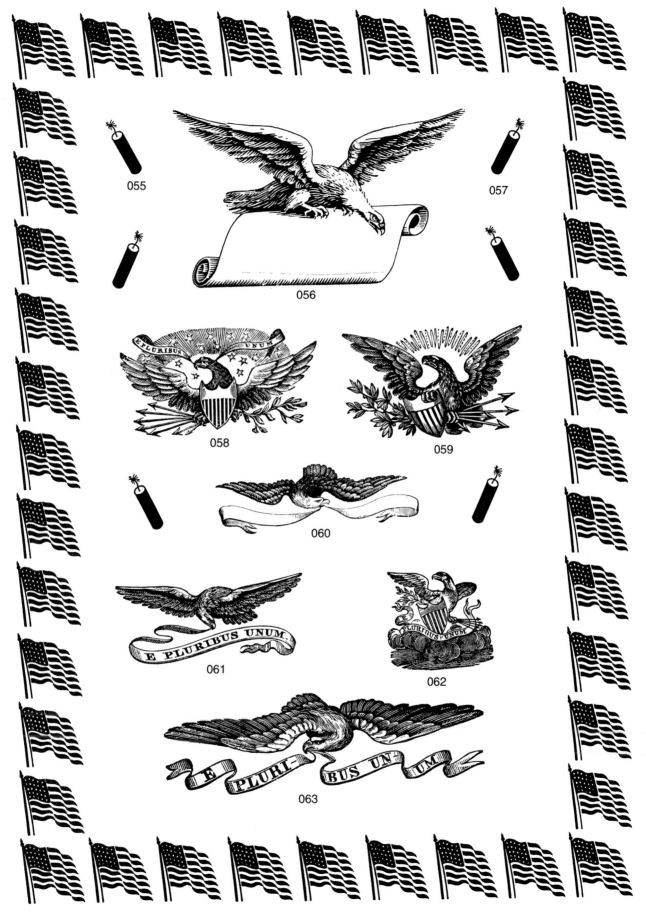

055

056

057

058

059

060

061

062

063

064

065

066

067

068

069

070

071

072

073

074

075

076

077

078

079

080

082

083

084

085

086

087

088

089

090

091

092

093

094

095

096

GEORGE WASHINGTON

099

100

098

HIS SWORD
097

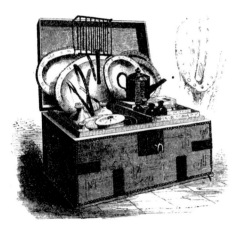

HIS CAMP CHEST
101

RELIEVING GEN. CHARLES LEE
102

BANNER OF HIS LIFE GUARD
103

CROSSING THE DELAWARE
104

BENJAMIN FRANKLIN
105

BENJAMIN FRANKLIN
106

BENJAMIN FRANKLIN
107

108

109

110

111

112

113

E PLURIBUS UNUM

114

115

116

118

ALL FOR OUR COUNTRY

119

117

122

120

E PLURIBUS UNUM

U.S.D. 1812.

123

THE GREAT SEAL OF THE UNITED STATES

121

124

ANNUIT CŒPTIS

MDCCLXXVI.

NOVUS ORDO SECLORUM

125

LOYALTY AND PATRIOTISM LOVE

D. OF A.

HOLY BIBLE

126

127

129

VICTORY.

132

128

130

131

133

134

135

136

137

138

139

140

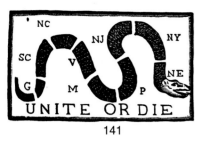

141

SIGNING THE DECLARATION OF INDEPENDENCE

143

142

144

145

THOMAS JEFFERSON

146

MONTICELLO

147

148

149

WASHINGTON'S INAUGURATION,
FEDERAL HALL, NEW YORK

150

151

ALEXANDER HAMILTON
153

152

154

CELEBRATING THE ADOPTION OF
THE CONSTITUTION, NEW YORK
155

156

160

157

161

158

159

162

163

164

165

166

167

168

169

170

171

172

173

174

175

176

177

178

179

180

181

182

183

184

185

186

187

188

189

190

191

192

193

194

195

196

197

MILITARY ORDER OF FOREIGN WARS
OF THE U.S.

198

199

200

201

202

203

204

205

206

207

MILITARY ORDER OF THE
LOYAL LEGION OF THE U.S.

209

208

22

210

211

212

213

214

215

216

217

218

219

220

221

222

223

224

225

226

227

228

229

230

231

232

233

234

ROBERT E. LEE
235

236

237

238

239

240

241

242

243

244

245

246

247

ULYSSES S. GRANT
248

THE SURRENDER OF LEE TO GRANT AT APPOMATTOX COURT HOUSE
249

250

251

ABRAHAM LINCOLN
252

CAVALRY
253

254

255

INFANTRY
256

257

258

259

260

261

1776

262

263

264

265

EXCELSIOR

266

267

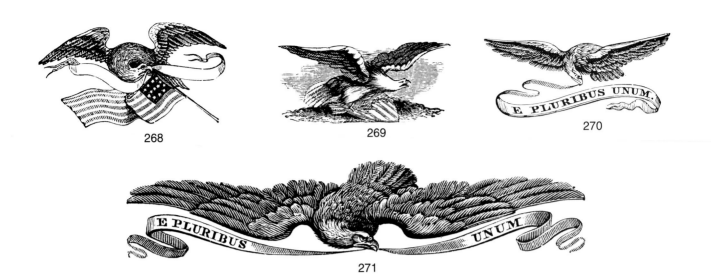

268 269 270

E PLURIBUS UNUM

271

272 273 274

275

276 278 279

DEMOCRACY 277 PROTECTION 280

281

282

283

284

ABRAHAM LINCOLN

285

286

287

LINCOLN IN GEN. McCLELLAND'S TENT

288

28

289

A CONFEDERATE FLAG
290

JEFFERSON DAVIS
291

292

293

315

REPUBLICAN

LINCOLN

PROSPERITY

316

317

318

319

321

DEMOCRATIC

JEFFERSON

★ *Progress* ★

320

322

323   324

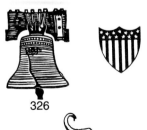

325

328

329

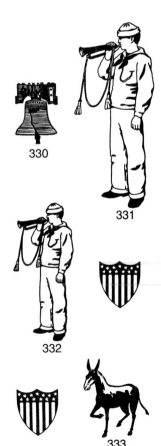

330

331

332

333

326

327

334

336

335

337

340

338

1776

339

EMMA LAZARUS
341

32